OÙ ALLONS-NOUS?

PAR

V. DE MAUMIGNY

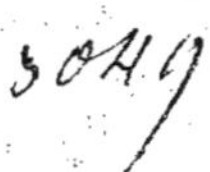

PARIS

IMPRIMERIE F. LEVÉ

17, RUE CASSETTE, 17

1882

TABLE

PARIS. — IMPRIMERIE F. LEVÉ, RUE CASSETTE, 17.

CHAPITRE Ier

OU ALLONS-NOUS?

I. Affaiblie, brisée, dominée par les trois ennemis de l'homme : Satan, la chair et le monde, la raison sans la foi ne peut résister aux séductions révolutionnaires et l'avenir est plein de menaces.

Allons-nous à la vie par la reconstitution de la société chrétienne, ou bien à la mort, poussés aux abîmes par la Révolution? Lequel des deux partis va triompher? Est-ce l'Eglise avec l'aide de princes qui seront ses vrais fils? Est-ce la satanique conjuration des Loges, maîtresses aujourd'hui de tous les gouvernements? La France reprendra-t-elle son influence et son rang? La magistrature, que la monarchie très chrétienne exerçait dans le monde, lui sera-t-elle rendue, ou bien avons-nous à craindre de nouvelles humiliations et une déchéance qui seraient le châtiment de l'apostasie nationale?

D'un côté, la violation *légalisée* du jour sacré du Seigneur, les blasphèmes d'une presse impie encouragée par ce cri de guerre : « le cléricalisme, voilà l'ennemi ! » le mépris de l'institution divine du mariage et de toute autorité venant de Dieu dans la famille, dans l'Eglise et dans l'Etat, la domination de la franc-maçonnerie, le déchaînement des concupiscences de la nature déchue, excitées par une presse immonde, les odieux décrets du 29 mars, œuvre des Loges et sanctionnés par la complicité des deux Chambres, les écoles sans Dieu, la ruine de la famille et de l'Eglise de France si le divorce et l'obligation du service militaire pour le clergé obtiennent la sanction des Chambres ; enfin l'abrogation des prières publiques : voilà ce qui fait redouter des châtiments terribles.

Mais d'un autre côté l'expiation des justes n'appelle-t-elle pas la miséricorde? Leurs prières, leurs travaux, leurs souffrances et surtout leur sang rédempteur ne plaident-ils pas pour nous? Sang de la Chine et du Japon, du Temple et des Carmes, de la Roquette et d'Arcueil, de Castelfidardo et de Mentana. Ajoutez à ces expiations l'immolation volontaire de saintes âmes, connues de Dieu seul et qui se sacrifient pour l'Eglise et pour la France. Ajoutez les œuvres que les catholiques soutiennent de leur or et de leur dévouement pour propager la justice, la foi, soutenir leurs écoles, sauver l'enfance infidèle. Ajoutez la spoliation, l'exil, les souffrances de nos congrégations, punies du bien qu'elles faisaient à la France !

Dans la balance de la justice divine, qui va l'emporter de l'apostasie ou de la miséricorde? C'est le secret de Dieu.

Nous savons toutefois que la Vierge immaculée, « qui seule a tué toutes les hérésies », est notre céleste Reine et qu'elle protège son royaume de sa toute-puissante intercession. Nous savons que celle qui écrasera la tête du serpent a laissé à Lourdes, à Pontmain, à la Salette sa victorieuse empreinte. Nous savons que le grand archange qui a vaincu Satan, père de la Révolution, est le *prince des Gaules*, et Jeanne d'Arc nous apprend que dans les périls extrêmes « monseigneur Charlemagne et monseigneur saint Louis prient pour la France ». Nous savons enfin que le Christ aime les Francs d'un perpétuel amour: s'il les frappe aussi douloureusement, c'est pour les guérir, disent nos traditions.

Espérons, dès lors, contre toute espérance, car la Madeleine des nations a beaucoup aimé le Christ, l'Eglise et les pauvres. Elle a prodigué son or et son sang pour leur défense. Or l'aumône couvre les iniquités des hommes.

Pour justifier nos espérances, nous pourrions rappeler les paroles des derniers Papes, le pressentiment des nations catholiques, nos traditions nationales, les prévisions du génie, de Maistre en tête, les liens indissolubles qui, dans l'état actuel du monde, unissent Rome et la France depuis Clovis, la restauration providentielle du culte de saint Michel et de saint Martin, nos patrons.

Nous pourrions montrer dans le culte du Sacré-Cœur et dans le triomphe certain de l'Eglise romaine le gage du salut de la France; mais nous nous bornerons aux inductions de la logique.

II. Dieu seul connaît son heure, et les hommes qu'il veut employer pour sa gloire. Aussi la Providence déjoue bien souvent les calculs des sages. Toutefois il nous a donné l'intelligence pour prévoir et la raison pour lier les conséquences aux principes. Or la raison nous apprend qu'il n'y a pas d'effet sans cause et que l'effet disparaît quand la cause est détruite.

Si donc les causes principales qui ont engendré la Révolution française, mère de la Révolution universelle, ont de nos jours une activité plus formidable encore que par le passé, si les catholiques eux-mêmes sont séduits, la France touche à son agonie. Mais le salut n'est plus qu'une affaire de temps si les catholiques s'éclairent; temps qui sera abrégé par la prière et l'expiation, disent nos pasteurs. Depuis deux siècles et jusqu'au concile du Vatican, les catholiques des classes dirigeantes étaient séduits par des doctrines mensongères et hostiles au catholicisme. De là nos malheurs. Mais s'ils écoutent docilement l'infaillible Vicaire de Jésus-Christ, gardien de la vérité, ces malheurs finiront avec la cause qui les a produits, car l'égarement des catholiques a fait la force de la Révolution. Elle fait horreur quand elle est seule et démasquée.

Dans le monde moral comme dans le monde physique, point de générations spontanées. La Révolution universelle, dont la république universelle est la forme politique, est le développement de la Révolution française. 89 fut enfanté par l'ancien régime et par la Réforme, rechute des nations délivrées par l'Evangile.

Le salut et la ruine des nations viennent de leurs chefs. C'est parce que son chef est à jamais préservé de la séduction par la prière du Christ que l'Eglise est immortelle.

La Réforme échoua dans notre patrie, parce qu'elle ne put s'emparer du pouvoir. La haine des Huguenots contre l'Eglise et la monarchie souleva d'indignation la conscience publique. Dieu convertit Henri IV et la *Fille* aînée de l'Eglise resta catholique.

Mais si la Reforme n'a pu vaincre et dominer la monarchie très chrétienne, il lui a été donné de la corrompre en semant le virus du jugement particulier dans l'école, dans l'Etat, dans l'Eglise gallicane elle-même, car les évêques n'ont d'autorité qu'en union avec le Saint-Siège apostolique. De nom et de cœur l'ancien régime restait, il est vrai, catholique, mais l'esprit indépendant du protestantisme enténébrait à leur insu les intelligences. De là le cartésianisme et le gallicanisme, suivis du libéralisme. Ajoutez à ces erreurs doctrinales les scandales de la Cour, que la piété des princesses et des reines ne put expier, puis la mort prématurée du duc de Bourgogne et du Dauphin. Ajoutez la centralisation inaugurée par Louis XIV et qui laissa sans appui le trône et la monarchie aux jours du combat terrible conduit par les *Loges* et par le duc d'Orléans leur chef. Le cartésianisme, le gallicanisme, le relâchement des mœurs et la centralisation, voilà les principales causes de la Révolution française.

III. Tout en semant la Révolution, l'ancien régime restait catholique de cœur. Descartes, Bossuet, Louis XIV, et de nos jours les libéraux catholiques, Montalembert en tête, aimaient l'Eglise et lui ont rendu d'incontestables services.

Descartes « révère la théologie, prétend autant qu'aucun gagner le ciel » (1), soumet au Pape son livre des *Principes* et se proposait de combattre l'athéisme.

Bossuet est une des gloires de l'Eglise.

Louis XIV avait hérité de sa mère une foi et une piété sincères, que les passions de sa jeunesse n'ont pu détruire :

« J'allai publiquement à pied avec tous mes domestiques aux stations du jubilé, dit-il en ses *Mémoires*, voulant que tout le monde connût, par le profond respect que je rendais à Dieu, que c'était de sa grâce et de sa protection, plutôt que de ma propre conduite, que je prétendais obtenir l'accomplissement de mes desseins et la félicité de mon peuple (2). »

« Faites honorer Dieu partout où vous aurez du pouvoir, écrit-il au roi d'Espagne, procurez sa gloire, donnez-en l'exemple; c'est un des plus grands biens que les rois puissent faire (3). »

____

(1) *Méthode*, 1re partie.
(2) *Mémoires*, t. I, p. 33.
(3) Hippeau, *Avènement des Bourbons au trône d'Espagne*, t. II, p. 517.

Louis XIV fut gallican parce que les évêques, au lieu de l'éclairer, l'égarèrent. Innocent XI lui rend justice dans la lettre indignée qu'il écrit aux évêques de l'Assemblée. Le roi, dans sa lettre au pape Innocent XII du 11 septembre 1690, rétracta son erreur (1).

L'ancien régime a prouvé sa foi. En tombant il a peuplé le monde de saints apôtres, de généreux confesseurs, et le sang de ses martyrs a inondé le sol de la patrie.

La Révolution française, œuvre des Loges, est au contraire systématiquement, ouvertement anti-chrétienne, anti-sociale, anti-nationale, cosmopolite, sanguinaire, impie. Les Robespierre et les Danton, les Saint-Just et les Fouquier-Tinville, les Grégoire et les Fouché, voilà ses gloires.

D'un côté des croyants et des victimes, de l'autre des apostats et des bourreaux.

Mais si les intentions, les volontés, les actes, sont en opposition complète dans ces deux partis, les doctrines les rapprochent, car de part et d'autre elles sont anti-chrétiennes; sciemment, ouvertement dans la Révolution ; par ignorance et séduction dans l'ancien régime.

IV. Descartes déchristianisait la philosophie; d'une part en la séparant de la foi qui rectifie et fortifie la raison, de l'autre en substituant le sens privé, la *conscience*, le sentiment, sa pensée propre, aux principes, aux définitions, aux vérités universelles et immuables, irradiation de « la vraie lumière qui éclaire tout homme venant en ce monde ».

« Notre intellect se connaît de deux manières dit l'Ange de l'Ecole, d'abord parce que chacun connaît qu'il a une âme intellective en trouvant en lui l'exercice d'une intelligence; puis d'une manière universelle, quand nous considérons la nature de l'âme humaine. La rectitude de cette connaissance nous vient par dérivation de la lumière divine qui contient les raisons des choses.

« C'est par l'inviolable vérité, dit saint Augustin, que nous pouvons définir parfaitement, non ce qu'est en réalité l'âme de chaque homme, mais ce qu'elle doit être d'après les raisons éternelles.

Pour la seconde connaissance, il faut une recherche attentive. Voilà pourquoi beaucoup sont tombés à cet égard dans de graves erreurs. (1 *Somme* 87, 1.)

La première manière est celle de Descartes : « *Je pense, donc je suis.* » La seconde est celle de l'Ecole, c'est la méthode catholique.

Le sens, la raison, la foi, l'autorité, lumières inséparablement unies et subordonnées, éclairent le chrétien et se prêtent un mutuel appui.

Le sens sert la raison, qui ne peut rien connaître, ici-bas, sans images sensibles. La raison perçoit les vérités universelles et guide le sens qui s'égare sans elle.

La raison sert la foi en démontrant ses préliminaires indispensables, ce qui la distingue de la foi aveugle du musulman et du païen. La foi, à son tour, guide, fortifie la raison affaiblie et déchue, la soustrait à la domination du sens qui l'égare et assimile l'homme à la brute, quand la raison est trop faible pour résister.

La foi privée sert l'autorité. Le pape consulte les évêques, les Pères, les théologiens, les congrégations, et même s'informe dans les siècles de foi du sentiment des fidèles, pour réunir les éléments de ses jugements. A son tour, toute foi privée a besoin de l'autorité pontificale qui enseigne, juge les pasteurs et les fidèles et les conserve tous dans la vérité. Quand il parle *ex cathedra*, sa parole est la parole de Dieu.

Des quatre lumières conservées par la philosophie catholique, la philosophie cartésienne n'admet que le sens intime, l'opinion privée qui varie dans chaque homme C'est là le principe fondamental du libéralisme et de la Révolution. Aussi les philosophes du xviiie siècle et du nôtre voient en Descartes un maître et la Convention l'honore de sa reconnaissance.

V. Le gallicanisme royal déchristianisait la monarchie en rejetant le règne du Christ, Prince des rois de la terre, et cela afin de renverser l'autorité sociale du Pape sur « ses dévots fils ». Proclamer que le roi « tient la couronne de Dieu seul et de son épée, » c'était l'assimiler aux princes de la Gentilité. De là l'absolutisme, tempéré il est vrai par la bonté des Bourbons et les mœurs chré-

---

(1) Voir M. Lauras, *Nouveaux Éclaircissements.*

tiennes de l'ancien régime. Mais quand l'Empire autoritaire régna au nom du peuple souverain, la liberté disparut avec le libérateur.

Obéir à Dieu seul et aux hommes à cause de Dieu, sans jamais être leur esclave; user de tout ce qui est bon, juste, conforme à l'Evangile, sans rencontrer aucun obstacle, voilà la liberté chrétienne.

Le gallicanisme épiscopal décapitait l'Eglise et, dans une certaine mesure, la déchristianisait, puisque c'est par le Pape qu'elle s'unit inséparablement au Christ. « Où est le Pape, là est l'Eglise.»

VI. Le libéralisme catholique est la synthèse de toutes les erreurs de l'ancien régime.

Sans doute les catholiques, entraînés dans ces graves erreurs, en repoussaient les conséquences. Mais 89 s'est chargé de les tirer, 93 et la Commune de les appliquer.

Loin d'être l'adversaire, la réformatrice des abus de l'ancien régime, 89 les a tous conservés.

On enseigne la *Méthode* de Descartes dans tous les collèges de l'Université.

Tous les gouvernements depuis 89 ne tiennent-ils pas les *quatre articles* pour loi de l'Etat? Ne disent-ils pas, eux aussi : « Le royaume du Christ n'est pas de ce monde, » et n'est-ce pas en vertu de cette maxime gallicane qu'ils ont tout déchristianisé, tout *laïcisé* : l'école, la famille, l'Etat, la bienfaisance, l'indusrie, les arts, et repoussent en tout et partout la civilisation chrétienne qui est le fruit du règne du Christ?

La centralisation moderne n'est-elle pas le développement de la centralisation inaugurée par Louis XIV, comme M. de Tocqueville l'a démontré?

Le favoritisme le plus déhonté n'a-t-il pas dépassé les plus injustifiés privilèges de l'ancien régime?

La tendresse de la Révolution pour les bâtards, est-elle moindre que la faiblesse de Louis XIV pour les princes légitimés? Quels vices, quels abus, quelles erreurs de l'ancien régime la Révolution n'a-t-elle pas aggravés? Ce qu'elle repousse de l'ancien régime c'est ce qu'il avait conservé d'autorité, de liberté, de vérité, d'institutions chrétiennes et d'ordre social.

VII. Si les erreurs de l'ancien régime ont ruiné la monarchie et préparé la Révolution, la destruction de ces erreurs annonce le salut.

Or, les définitions du Concile sur la raison et sur ses rapports avec la foi, la restauration de la philosophie catholique par Pie IX et Léon XIII, ont tué le cartésianisme. Les écoles ecclésiastiques rentrant dans la droite voie, les universités catholiques suivront, puis les écoles libres, puis les écoles publiques quand viendra la réforme nécessaire de l'Université.

D'autre part, le dogme de l'infaillibilité a tué le gallicanisme et le *Syllabus* a ruiné le libéralisme. Enfin nous avons un prince, vrai fils de saint Louis par ses mœurs non moins que par sa foi.

A part la centralisation, toutes les doctrines qui, en égarant les catholiques, ont semé la révolution française, sont mortes, grâce aux Papes et au Concile du Vatican, grâce aussi à la docilité d'éminents catholiques et de la presse catholique aux enseignements du Saint-Siège, grâce surtout à la fidélité du clergé.

La fin manifeste de ces erreurs annonce la défaite prochaine de la Révolution. Toutefois la franc-maçonnerie est plus puissante que jamais.

« Aucune force humaine, dit Pie IX, ne peut lutter contre ce monstre. Seul le Tout-Puissant a pu chasser du ciel ses vrais maîtres, seul il peut maintenant la faire disparaître de la terre (1). »

La défaite des Loges ne sera probablement qu'une trêve en récompense du sang versé pour la foi, car il faut que la Révolution croisse en iniquité, en impiété jusqu'à l'Antechrist, son satanique César, et cela pour que l'Eglise se purifie, se sanctifie de plus en plus dans l'épreuve, afin d'obtenir à la mort du maudit sa dernière victoire, gage du triomphe éternel de l'autre vie.

C'est au Christ en personne que l'Eglise devra cette victoire. (II Thes. ii, 8.) Jusque-là nous n'aurons que des trêves qu'il faut mériter en revenant à la vérité catholique.

---

(1) Bref aux Capucins de Paris en date du 7 janvier 1875.

CHAPITRE II

CHRISTIANISME ET RÉVOLUTION

L'Incarnation a renouvelé la face de la terre ; elle a rétabli avec une perfection plus grande, l'unité brisée par la chute d'Adam. Le Pape continue l'œuvre du Christ. Il conserve l'unité religieuse par l'infaillibilité de sa foi ; l'unité sociale par son autorité *spirituelle* universelle ; l'union des cœurs par la charité catholique.

Loin de diminuer l'autorité des évêques et des rois et la liberté des peuples, la suprématie spirituelle du Souverain Pontife en était la sauvegarde. Aussi les évêques sont tombés sous le joug des princes, les rois sous le joug des conquérants et de la foule, puis la foule a été la proie des aventuriers et des sectaires, quand tous se sont révoltés contre le Très Saint Père, qui tient la place du Christ.

Le Christ Notre-Seigneur apportait à la France et à son roi, « fils aîné de son cœur sacré, » l'honneur et la gloire, la force et la durée. Son règne sans fin était gravé dans les cœurs non moins que sur la monnaie royale. César, dominateur au temps de la Passion, ayant été vaincu par la croix, le roi des Francs était devenu le « sergent du Christ » et saint Léon confiait à Charlemagne « l'épée et le bouclier de l'Eglise », la défense du siège de Pierre.

A partir de Calvin l'esprit d'indépendance envahit jusqu'à la monarchie très chrétienne, et de là pénétra chez les nations qui restaient catholiques. Le cœur de la France resta fidèle, mais l'intelligence s'obscurcit parce que la science catholique s'altérait. La France, fille aînée de l'Eglise romaine, méprisait les leçons de sa mère : philosophie, théologie, liturgie, tout fut faussé.

Le rejet de l'autorité spirituelle tant doctrinale que sociale du Vicaire de Jésus-Christ brisa l'union des deux pouvoirs et des deux sociétés. Le Pape en est le lien, parce qu'il est à la fois évêque, — roi temporel — souverain pontife, et à ce titre Vicaire sur toute la terre de « Jésus-Christ, notre seul Seigneur ». Les deux sociétés, unies comme les deux côtés d'un angle, sont séparées quand le sommet ne les relie plus. La Révolution ainsi déchaînée renversa de fond en comble l'ancien régime, parce qu'il avait écarté la Pierre inébranlable qui portait la royauté très chrétienne et l'épiscopat français.

Le prince du monde déchu, bien que vaincu sur le Calvaire, rentre dans son règne quand les peuples repoussent le Libérateur du monde et séparent les deux glaives. La force alors prime le droit et la vérité s'obscurcit, car l'épée ne saurait tuer l'erreur et la parole ne réprime pas la violence. Quand on substitue à la devise triomphale. Le Christ règne, ce cri de la révolte et de l'orgueil : *Le règne du Christ n'est pas de ce monde,* à bas le droit divin ! l'enfer est déchaîné. Alors la franc-maçonnerie, synagogue de Satan, remplace l'Eglise du Christ, la république universelle, dissout la chrétienté, et d'impies sectaires usurpent le trône de Charlemagne et de saint Louis. Ils jurent « haine au sacerdoce et à la royauté », égorgent les pontifes et les rois, brûlent les églises et les palais, font de la terre un séjour de désordre et d'horreur.

Le Christ avait apporté au monde la paix et la liberté, la vérité et la vie, l'union et la force. La France affolée a préféré la domination maçonnique et par suite, la discorde et la guerre, l'esclavage et la honte, le mensonge et la mort. Elle préfère des aventuriers sans foi, sans loi, sans patrie, des maîtres sceptiques et sans savoir, aux successeurs de Clovis et de saint Louis, de saint Rémi et de saint Thomas.

CHAPITRE III

LA VOIE DU SALUT

Pour sauver la France et l'Europe, il faut revenir à l'ordre établi de Dieu. Or, tout est pour l'Eglise, l'Eglise pour le Christ, le Christ pour Dieu (I Cor. v, 23). Il a créé les hommes pour en faire des chrétiens, les chrétiens « pour que le Christ fût l'aîné d'un grand nombre de frères » (Rom. vii, 29). « Il a donné à tous ceux qui croient en son nom le pouvoir de devenir enfants de Dieu » (Jean, i, 11).

« Dieu veut que tous les hommes soient sauvés, » mais ils sont libres de choisir entre le Catholicisme et la Révolution, entre l'obéissance et la révolte, entre la vie et la mort. De là deux sociétés toujours en guerre depuis l'Incarnation.

L'une est gouvernée par « le droit divin » ; c'est-à-dire par la parole, la loi et les envoyés du Christ.

L'autre par le seul droit humain ; par la loi naturelle, la raison et la domination des hommes ; droit humain altéré par le péché originel, source première de la Révolution.

D'un côté l'humanité régénérée par le Christ ou le catholicisme ; de l'autre l'humanité déchue, qui est devenue la Révolution par l'apostasie des nations chrétiennes, et la prépondérance satanique des Loges.

Le Christ a tout restauré : l'homme et la société, la société temporelle comme la société spirituelle, la famille et l'Etat non moins que l'Eglise proprement dite.

Les mots spirituel et temporel ont des sens divers quand on les applique à des ordres divers, et leur confusion est une des plus grandes forces de la Révolution. Elle dépouille l'Eglise et la renferme dans la sacristie, en lui refusant tout droit temporel, sous prétexte qu'elle ne doit s'occuper que des âmes.

Dans l'Ecriture, le mot spirituel signifie tantôt les substances immatérielles, tantôt l'humanité régénérée par l'Esprit-Saint. « Touchez-moi, dit le Christ ressuscité à ses Apôtres, les esprits n'ont pas d'os et de chair comme moi. » Ici incorporel et spirituel sont synonymes. Il leur dit ailleurs en parlant du baptême : « Ce qui est né de la chair est chair, ce qui est né de l'esprit est esprit ». Ici spirituel et chrétien sont synonymes.

L'Eglise est une société spirituelle, parce qu'elle est vivifiée par l'Esprit-Saint. C'est une société d'hommes régénérés par le baptême, et non de purs esprits. Elle a besoin dès lors de tout ce qui est nécessaire ici-bas à l'existence de l'homme et de la société humaine. C'est une société complète.

D'autre part, une nation chrétienne n'est pas une simple réunion d'animaux raisonnables. Enfants de Dieu et de l'Eglise, les citoyens ont besoin de vérité et de justice, d'autorité, de liberté, de lois et d'institutions chrétiennes.

L'homme « vit de pain et de toute parole qui tombe de la bouche de Dieu », soit par la création, soit par la révélation.

L'Eglise et l'Etat ont besoin des deux aliments ; mais l'Eglise vit principalement de la foi et use des choses de la terre dans l'intérêt de notre salut, confié à sa sollicitude. L'Etat, qui a charge de conserver l'ordre temporel, obéit à l'Evangile pour mieux accomplir sa mission propre et faciliter celle de l'Eglise en christianisant les institutions et ses lois.

L'Eglise et l'Etat chrétien ont « un seul Seigneur : Jésus-Christ, » une même loi : l'Evangile, une même fin : la propagation du règne et de la justice de Dieu. L'Etat vient en aide à l'Eglise par ses institutions, par ses lois, par ses tribunaux, par le respect du dimanche, du mariage chrétien, de la religion nationale et des droits du clergé, par ses écoles et ses hospices, par ses prisons même, en un mot en christianisant l'ordre temporel tout entier et en protégeant l'Eglise et la foi nationale contre les impies.

Le mot *temporel* a aussi deux sens divers :

Appliqué aux nations séparées de l'Eglise, il signifie l'ordre purement terrestre, naturel, humain ; ordre qui finit avec le temps.

Appliqué aux nations catholiques, aux Etats et aux propriétés de l'Eglise, il signifie encore l'ordre temporel, mais restauré dans l'Etat par le christianisme et consacré à Dieu dans l'Eglise.

Les sociétés infidèles et les sociétés catholiques diffèrent autant que la nature déchue diffère de la nature réparée et l'animal raisonnable du chrétien. Néanmoins, dans leur existence temporelle, toutes ces sociétés ont pour lumière commune la raison, pour loi commune la loi naturelle et le droit humain, pour fin commune la conservation de l'ordre temporel.

Les sociétés catholiques et les Etats protestants ont de plus pour principe commun les restes de christianisme conservés par le schisme et l'hérésie. Puisque les Etats chrétiens ne peuvent s'unir sous un même chef, dans une même foi, dans la foi de l'Eglise catholique, apostolique, romaine, qu'ils le fassent du moins sur le terrain des droits humains, de l'ordre naturel et des commandements de Dieu. L'Eglise leur donne l'exemple, témoin les efforts de Léon XIII pour traiter avec l'Allemagne, la Russie, la Turquie même. Tout en réservant tous ses droits, l'Eglise prie pour la concorde des princes chrétiens.

Mais avec la Révolution aucune conciliation n'est possible, car elle nie aussi bien l'ordre naturel que l'ordre surnaturel. Elle veut détruire tous les cultes, toute autorité qui vient de Dieu même par la création, toute loi immuable, soit naturelle soit divine. Comment concilier deux partis qui n'ont aucun principe commun et qui sont en perpétuelle contradiction de principe, de moyens, de fin ? L'Eglise veut convertir le monde et tout christianiser, la Révolution veut tout déchristianiser pour tout pervertir. Dieu lui-même ne concilie pas l'affirmation et la négation, et ce qui implique contradiction dans les termes est impossible.

La Révolution n'a qu'un but : détruire l'Eglise et les sociétés chrétiennes et fabriquer un ordre à rebours de l'ordre établi de Dieu. Pour y parvenir, elle commence par séparer, au nom de la liberté, l'ordre temporel et l'ordre spirituel, l'Eglise et l'Etat, afin de joindre ensuite à la domination politique la domination sur l'Eglise et sur les âmes.

Le libéralisme lui a préparé les voies, car l'*Eglise libre* dans l'*Etat libre* n'est pas autre chose que la liberté pour l'Etat d'opprimer et de dépouiller l'Eglise ; oppression inévitable quand on méconnaît l'autorité spirituelle de l'Eglise.

Revenir au catholicisme complet, voilà la seule voie du salut.

CHAPITRE IV

LES DEUX POUVOIRS

Dieu s'est réservé les âmes, mais il a donné la terre aux hommes.

En fait, chez tous les peuples, le pouvoir suprême appartient aux princes dans l'ordre temporel. Chez tous les peuples en dehors du catholicisme, ils en abusent pour usurper l'autorité religieuse, témoin les Nabuchodonosor, les Césars, les sultans, les rois et les reines du protestantisme, les tsars de Russie et même les gouvernements catholiques, quand, séduits par le gallicanisme et le joséphisme, les peuples méprisent l'autorité spirituelle du Saint-Siège dans l'ordre social.

Un fait aussi universel repose nécessairement sur une loi universelle, que l'homme peut bien fausser, mais dont il ne peut détruire l'essence. Ainsi l'homme peut bien introniser des usurpateurs, changer la forme d'un gouvernement légitime, mais il ne peut constituer une société sans pouvoir. Il peut bien usurper l'autorité suprême du Saint-Siège, mais il ne peut diviser l'autorité suprême, en sorte que par la force inévitable des choses, prêtres et laïques tombent sous le joug du pouvoir temporel, s'ils repoussent l'autorité spirituelle doctrinale et sociale du Souverain-Pontife, « Père des rois et des princes, Pasteur du globe, Vicaire de Jésus-Christ sur la terre, » triple autorité dont la tiare est le symbole, dit la liturgie.

L'homme étant un animal raisonnable et religieux qui vit en société, il y a chez tous les peuples un sacerdoce chargé du culte et des officiers publics qui gouvernent l'état. La société étant une et indivisible sous peine de se dissoudre, et l'unité sociale exigeant l'unité du pouvoir, le roi dans l'ordre temporel a autorité temporelle sur tous les membres de la société, prêtres et laïques.

Mais le chrétien a double vie ; la vie temporelle qu'il tient de sa naissance et d'Adam ; la vie spirituelle qu'il reçoit du baptême et du Christ, nouvel Adam.

Or, la vie temporelle et terrestre étant manifestement subordonnée à la vie spirituelle, éternelle, surnaturelle, céleste, le Christ a transféré le pouvoir suprême à son Vicaire, Roi *spirituel* de l'univers qu'il gouverne en son lieu et place, mais sans détruire pour cela l'ordre temporel. Si donc on écarte le Pape, qui est revêtu dans toute sa plénitude du sacerdoce royal du Christ, le roi temporel s'empare du pouvoir religieux ; c'est inévitable.

Après avoir établi l'autorité suprême du Souverain Pontife, saint Thomas ajoute :

Parce que le sacerdoce des Gentils et le culte divin avaient pour fin l'acquisition des biens temporels dont le soin est confié aux rois, il convenait que les prêtres des Gentils fussent soumis aux rois.

Dans la loi ancienne où les biens de la terre étaient promis non par les démons, mais par le vrai Dieu en récompense de la religion du peuple, nous lisons que les prêtres étaient soumis aux rois.

Mais dans la loi nouvelle un sacerdoce plus sublime conduit les hommes aux biens célestes. De là la subordination de la royauté au sacerdoce dans la loi du Christ.

En prévision des destinées de Rome qui devait être le principal siège du peuple chrétien, la Providence a voulu que peu à peu la coutume s'établit de soumettre aux prêtres les chefs des cités. Dans notre cité, dit Valère-Maxime, tout est subordonné à la Religion. Et comme dans les Gaules la religion devait avoir une plus grande vigueur, Dieu permit que les Druides fussent les interprètes du droit, comme le rapporte Jules César. (*De Reg. Princ.* L. I. ch. xiv).

Les Francs ont continué la tradition des Gaules :

La monarchie très chrétienne a été construite par les évêques, dit de Maistre.

Le Christ nous apporte la liberté, mais l'Eglise en est le canal. Or, si l'Eglise affranchit partout les âmes, elle ne peut affranchir l'ordre temporel si les nations et leurs chefs repoussent son autorité *spirituelle*, gardienne de la justice, de la vérité et de la paix.

Quand le pouvoir temporel n'est pas subordonné au pouvoir spirituel du Souverain Pontife, point de remède que la prière contre la tyrannie. Aussi les martyrs ont donné à César leurs biens, leur corps, ne réservant que leur âme pour la donner à Dieu. Séparé de l'Eglise, tout pouvoir temporel, monarchie parlementaire ou royale, empire ou république, est absolu. C'est le châtiment de la révolte et le seul moyen d'empêcher l'anarchie.

Si Dieu a soumis le prince au prêtre dans l'ordre spirituel, le prêtre en dépend néanmoins comme citoyen dans l'ordre temporel, en tout ce qui n'appartient pas à l'Eglise en propre. Voilà pourquoi le pouvoir temporel est nécessaire au Pape pour assurer la liberté et l'indépendance de son ministère apostolique. Sans cela il serait sujet d'un prince temporel ; Dieu a permis qu'il en fût ainsi jusqu'à la constitution des Etats de l'Eglise, afin de prouver sa force divine. Les portes de l'enfer n'ont pas prévalu, mais les Papes ont été martyrisés, persécutés, entravés ; entraves qui se renouvellent sous nos yeux, bien que Léon XIII soit encore souverain, mais souverain dépouillé de ses Etats et qui n'a plus que son jardin pour royaume.

CHAPITRE V

LE PAPE ET LA RÉVOLUTION

I. L'Eglise et la franc-maçonnerie, le catholicisme et la Révolution sont aux prises. De l'issue du combat dépend l'avenir de la France, de l'Europe et du monde. Les questions de forme gouvernementale et de dynasties s'y rattachent comme moyens subordonnés à la fin. Si la Révolution patronne la République universelle, c'est parce que la République de droit moderne est antisociale et antichrétienne. Si les catholiques se rattachent de jour en jour plus nombreux au comte de Chambord, c'est qu'ils voient dans le Roi très chrétien le bouclier de l'Eglise et de l'ordre social menacés par la Révolution. Le récent mandement de Mgr Duquesnay a excité les fureurs de la presse républicaine, parce que le prélat défend hautement le droit divin, que la Révolution a juré de détruire. Ce droit divin, la dernière Encyclique l'expose dans sa plénitude avec une merveilleuse clarté et l'infaillible autorité doctrinale du Vicaire de Jésus-Christ quand il parle *ex cathedra*.

Si le clergé et les laïques catholiques sont opprimés dans tous les Etats séparés de l'Eglise, encore bien qu'il y reste des traces soit de l'Evangile, soit de la loi naturelle, que peuvent-ils attendre de la Révolution triomphante ?

Point d'illusion !

Sans la restauration de l'autorité *spirituelle* du Souverain Pontife sur les nations et sur leurs chefs, rien ne saurait arrêter la Révolution.

L'Encyclique montre la voie du salut. Elle nous rappelle l'origine divine du pouvoir, l'obligation d'obéir à César à cause de Dieu, et dès lors, d'obéir à Dieu plutôt qu'aux hommes, quand la loi humaine est en opposition avec la loi divine ;

La noblesse des rois chrétiens qui reçoivent de l'Eglise par le sacre une dignité encore plus sacrée ;

La grandeur du Saint-Empire romain, constitué par les Papes, et qui aurait grandement servi la société, tant religieuse que civile, si les rois et les peuples avaient secondé les vues de l'Eglise.

Revenir à cette doctrine, l'approprier aux temps et aux mœurs, comme fait toujours l'Eglise, telle est la seule voie du salut. Comment en effet résister à la république universelle maçonnique sans reconstituer cette république universelle chrétienne nommée jadis la Chrétienté ? Comment reconstituer la Chrétienté sans la restauration de l'autorité *spirituelle* du Souverain Pontife sur les nations et sur les rois, afin de réunir dans un nouveau Saint-Empire tous les peuples chrétiens ?

Cette restauration est-elle possible ? La tradition l'annonce, mais Dieu nous sauvera-t-il malgré nos crimes et notre aveuglement ? Lui seul le sait. Quoi qu'il en soit de l'avenir qui est dans sa main toute puissante, il est évident que l'Europe ne saurait lutter contre les formidables forces et la satanique discipline de la Révolution universelle sans l'union des rois et des peuples chrétiens : les efforts individuels sont impuissants.

Mais, pendant que les ruines s'accumulent dans l'ordre temporel, l'Eglise consolide l'unité et la vérité dans son propre sein, en entourant son infaillible chef d'un épiscopat plus que jamais fidèle.

Puissent les rois imiter les évêques ! Dieu ajournera le triomphe de la Révolution, qui serait prochain, universel, inévitable, si les princes et leurs ministres continuaient à s'en faire les aveugles complices !

Cet aveuglement fait la force de la Révolution, car c'est par ses mensonges qu'elle prépare sa domination.

II. Les siècles de foi vivaient dans la lumière ; de doctes maîtres formés à l'école de saint Bonaventure et de saint Thomas enseignaient les clercs et les laïques dans les Universités nombreuses qui se rattachaient toutes au Saint-Siège apostolique. L'Evangile était la loi suprême de l'Etat non moins que de l'Eglise, et le catholicisme, la première et la plus sacrée des lois fondamentales de la patrie. De nom et de fait la France était la monarchie très chrétienne, glorieux privilège de la Fille aînée de l'Eglise. Clercs et laïques, rois et sujets, n'avaient alors qu'un cœur et qu'une âme, parce qu'ils avaient une seule foi, une seule loi, un seul baptême, un seul chef immortel.

Pour revenir à ces traditions, il faut le Roi très chrétien, et l'enseignement catholique, éclairé par la voix infaillible du Vicaire de Jésus-Christ, enseignement non moins nécessaire à l'ordre temporel qu'à l'ordre spirituel, au salut des nations ici-bas qu'au salut éternel.

La Révolution est l'individualisme et la division, le mensonge universel et le perpétuel changement. Pour la combattre efficacement, il faut la vérité une et universelle, éternelle et immuable, il faut le Christianisme.

De nos jours les lettrés, même catholiques, sont dévoyés par le droit moderne et ont besoin d'un enseignement chrétien. Il faut le mettre à leur portée ; d'une part, en multipliant les Universités catholiques ; de l'autre, en fondant un cours supérieur dans tous les collèges catholiques, cours qui aurait pour base les analogies de l'ordre visible avec les choses invisibles qu'il figure.

Cette méthode, qu'on peut nommer la méthode évangélique, est rapide, lumineuse, à la portée de tous les esprits, parce qu'elle a pour base des comparaisons empruntées aux choses visibles. Elle entraîne une complète certitude, quand l'analogie est signalée par l'Ecriture et par la tradition et que l'obéissance aux enseignements du Saint-Siège apostolique écarte toute erreur dangereuse.

L'Evangile nous instruit encore en remontant à la création. Les créatures étaient parfaites en sortant des mains de Dieu (*Gen.* I, 31), afin de servir de principe et de modèle aux autres (*Somme,* I, xcv, c.)

Pour justifier l'interdiction du divorce, le Christ remonte à l'institution du mariage, et saint Paul rappelle l'origine de la femme pour nous enseigner les devoirs des époux.

Avec le suffrage universel, la liberté de la presse et l'admission de tous à tous les emplois, trois choses qu'une restauration conservera en écartant les abus, il est nécessaire que tous connaissent les bases essentielles de l'ordre social, ce qui n'est praticable que par la méthode évangélique qui unit toutes les lumières : le sens, la raison, la révélation, l'autorité. Alors le plus illettré peut saisir la vérité, et souvent bien mieux que le savant qui dédaigne ce qu'il nomme le mysticisme.

L'étude de l'analogie des deux ordres est d'une grande importance, car toute hérésie engendre la corruption de l'ordre social et toute violation essentielle de l'ordre social conduit à l'hérésie. Le divorce est fils du protestantisme et conduirait la France catholique au protestantisme. Le gallicanisme a engendré la monarchie parlementaire, qui à son tour voulait nous ramener au gallicanisme. Le panthéisme latent du xviiie siècle a enfanté le droit moderne et 89 conduit au panthéisme.

Sans doute la chaire du professeur qui promet n'est pas la chaire sacrée qui commande la foi, mais elle y puise certitude et lumière. En l'absence des vastes et fortes études du clergé, elle soustrairait les laïques au vent mobile des opinions dominantes.

CHAPITRE VI

LA SCIENCE ET LA FOI

I. Aujourd'hui, grâce au *Syllabus* et au Concile, grâce à la restauration de la liturgie et de la philosophie catholiques, grâce aux enseignements plus multipliés, plus retentissants du Saint-Siège apostolique, le clergé reçoit dans toute sa splendeur, dans toute son unité, dans toute son universalité, la vérité dont Rome a la garde invincible.

Par sa fidélité, par ses longues et fortes études, le clergé échappe aux ténèbres où les classes dirigeantes sont plongées. De là nos espérances, car tels pasteurs, tels peuples.

L'aveuglement des laïques, même religieux, retarde l'accomplissement de ces espérances.

Sans doute les élections de 1871 ont ramené un peu de lumière en appelant dans la Chambre d'éminents catholiques, mais la majorité, malgré ses bonnes intentions et la foi privée de ses membres, s'est laissé traîner, « d'étapes en étapes, à la république des républicains ». Sans le vouloir et sans le voir, l'Assemblée nationale nous a livrés à la république antichrétienne et maçonnique, qui écrase aujourd'hui la France et prépare sa ruine.

Comment éclairer les classes dirigeantes ? Comment les faire participer aux études qui sont de nos jours le privilège exclusif du clergé, études pourtant nécessaires au laïque dans une certaine mesure, pour christianiser les institutions et les lois, la magistrature, l'armée, l'école, la presse, et pour arracher ainsi la France à la Révolution ? Le temps, les institutions, les maîtres, tout manque aux laïques, et quand le Souverain-Pontife verse à flots la lumière, elle éclaire des aveugles ; témoin l'accueil fait au *Syllabus*.

Sans doute nous avons les Universités catholiques, mais elles sont encore à leur début et peu nombreuses. De plus les lettres et les sciences, la médecine et le droit auront toujours la préférence des étudiants. Avec les préparations d'une carrière, le service obligatoire, les distractions du monde, où trouver le temps de suivre des cours complets de philosophie et de théologie ?

Le Décalogue et le *Credo*, le catéchisme et les enseignements de la chaire pourraient, il est vrai, suffire, car nos mères qui nous ont conservé la foi, les ruraux vendéens et bretons qui ont versé leur sang pour sa défense, n'ont pas eu d'autres leçons.

Fécondée par l'Eucharistie, la parole de Dieu porte la lumière et la vie dans les cœurs simples et purs : l'obéissance et l'amour éclairent.

Le Christ n'a pas choisi parmi les lettrés David et les apôtres, et ses plus fidèles témoins étaient les saintes femmes. *Ma bouche annoncera votre justice, parce que je ne connais pas la littérature*, dit le Roi-Prophète (Ps. lxx, 15).

Mais dans l'ordre ordinaire de la Providence, Dieu ne choisit pas les chefs de l'Eglise et des peuples parmi les laboureurs, les pêcheurs et les bergers. Il charge de ce soin les classes supérieures et veut qu'elles s'y préparent par l'étude. Or, si le clergé est dans l'ordre providentiel, les laïques en sont encore à proclamer la royauté de l'opinion dominante. Ces aveugles conduiront la France aux abîmes, si la science catholique ne les éclaire pas. Les bonnes intentions sans la lumière servent bien mieux la Révolution que les conjurations des pervers.

II. Elevée par des maîtres indifférents, sceptiques, souvent impies, ou qui ont la bouche close s'ils sont chrétiens, la jeunesse universitaire est courbée vers la terre. Si Dieu ne la convertit pas à la sortie du collège, elle devient fatalement complice ou dupe de la Révolution. Rien à faire, de ce côté, sans une réforme radicale de l'Université.

Mais, pour instruire la jeunesse des écoles catholiques, ne suffirait-il pas de centraliser ses connaissances acquises, en fondant dans tous les collèges un cours supérieur qui terminerait les études et serait fait par un membre du clergé ? Le laïque n'ayant pas la mission divine d'instruire ses frères, n'a pas besoin de tous les développements de la science catholique, il lui suffirait de connaître les grandes assises de l'ordre universel, en unissant étroitement la raison et la foi.

CHAPITRE VII

PHILOSOPHIE ET THÉOLOGIE

I. La science est la connaissance des causes et des rapports des choses ; soit à l'aide du sens et de la raison, de là la science humaine ; soit à l'aide de la foi servie par le sens et la raison, de là la sagesse, science divine nécessaire pour résister à la Révolution et que le clergé possède à peu près seul aujourd'hui.

La philosophie a pour fin l'ordre naturel que nous atteignons par la lumière naturelle de la raison. Par cette lumière « on peut connaître avec certitude au « moyen des choses qui ont été faites, « l'unité du vrai Dieu, notre créateur et « notre maître » ; connaître l'immortalité de l'âme, la loi naturelle et autres vérités nécessaires à l'homme et à la société. Mais la plupart des hommes n'ont ni le temps, ni l'intelligence nécessaires à l'étude de la philosophie. Quant à ceux qui ont intelligence, loisir, amour de l'étude, ils ne parviennent à la vérité qu'avec beaucoup de temps, de travail, et en y mêlant un grand nombre d'erreurs, s'ils prennent exclusivement pour guide leur raison. Pour instruire l'ignorant et le délivrer des sophistes, pour abréger et rectifier les travaux du savant, le Christ, auteur de la raison et « lumière du monde », nous instruit d'autorité par les patriarches et les prophètes, par ses exemples et par sa parole, par ses apôtres et par l'Eglise, par le Décalogue et par l'Evangile. Il enseigne *à tous d'autorité*, bien que la raison puisse les atteindre, les vérités nécessaires qui sont les préliminaires de la foi. Restreindre l'enseignement divin « aux mystères cachés en Dieu proposés à notre foi par la révélation, » c'est laisser la raison dans les infirmités de la nature déchue. Or quand la raison se dégrade, la foi se perd.

Livrée à elle-même, la raison se laisse égarer, dominer par les sens. L'homme, alors même qu'il voit la vérité, ferme les yeux, parce que la lumière importune ses passions. Les sages de la gentilité non seulement ont souvent erré, mais n'ont pas rendu gloire à Dieu qu'il ont connu (*Rom.* I, 21). « La parole du Christ qui est esprit et vie », lumière et grâce, est nécessaire même dans l'ordre naturel, pour fortifier la raison affaiblie et brisée, et surtout pour rectifier la volonté corrompue. Enseignant à tous les hommes avec l'infaillible autorité de la parole de Dieu les vérités fondementales de l'ordre moral, l'Eglise fait cesser des divergences inévitables, parce que les raisons individuelles sont plus ou moins éclairées. A défaut de l'autorité divine de l'Eglise, les intelligences tombent sous le joug, soit de l'opinion dominante, soit de César ; honteuse servitude qui est le châtiment de la révolte.

En christianisant la philosophie, on ne lui enlève rien de sa lumière propre.

« Croire en un seul Dieu créateur du ciel et de la terre » n'empêche pas de *démontrer* son existence ; c'est au contraire le moyen d'en comprendre plus rapidement les preuves. Croire que « Dieu a confié chacun aux soins de son prochain » n'empêche pas de démontrer que la nature impose à l'homme la vie sociale. Le Décalogue n'empêche pas de démontrer les devoirs que la loi naturelle prescrit aux hommes. Le récit de l'Ecriture sur la création de l'homme n'exclut pas la définition philosophique.

Le philosophe trouve dans l'enseignement divin la confirmation de cette belle définition :

L'homme est un animal religieux et raisonnable qui vit en société.

En nous ordonnant d'aimer Dieu de tout notre esprit, *mente*, de tout notre cœur, de toute notre âme, de toute notre force, *virtute*, l'Ecriture confirme la distinction philosophique des facultés qu'on nomme l'âme intellective, l'âme sensitive et l'âme végétative. L'Ecriture ajoute une lumière divine à la lumière rationnelle et complète l'enseignement en y joignant une quatrième faculté : le cœur.

C'est, en effet, par le cœur que l'homme s'unit à Dieu et à ses frères. Aussi est-ce le cœur que le christianisme a surtout réformé, afin d'arracher l'homme à l'égoïsme et à la domination des idoles, des despotes et de la chair.

L'homme d'Etat ayant souvent à traiter avec des hommes privés des lumières de la foi, a besoin d'étudier les lois de la nature à la lumière de la seule raison ; mais quand on instruit des catholiques, pourquoi mettre sous le boisseau l'enseignement divin ? Quand on croit, quand on sait que le Christ qui nous parle est Celui qui nous enseigne par ses œuvres, n'est-il pas insensé de lui dire : Je sais mieux que vous ce que vous avez fait ? Si Raphaël disait à un peintre : Mon ami, vous placez mon tableau à contre jour, vous en jugez mal, venez avec moi, je le placerai en pleine lumière, je vous expliquerai mon œuvre ; si le rapin répondait : Vous n'y entendez rien ; mon art en sait plus que le vôtre, que dirait-on de cette outrecuidance ?

La philosophie pure et la philosophie chrétienne acceptent l'une et l'autre les vérités universelles évidentes par elles-mêmes et aussitôt connues qu'énoncées — les définitions exactes — la logique qui déduit les conséquences des principes et remonte des effets aux causes.

Mais la philosophie chrétienne *ajoute* à la lumière naturelle de la raison l'enseignement oral de l'auteur de la raison. Il ne s'agit pas de substituer la foi à la raison, mais de les allier, car notre foi est une foi raisonnable, qui diffère de la foi aveugle de l'infidèle par l'évidence des motifs de crédibilité. Il s'agit d'unir les deux lumières sans les confondre, afin d'éviter les erreurs, les incertitudes dont les Platon et les Aristote, les Descartes et les Leibnitz n'ont pas su se garantir, quand ils n'ont eu pour guide que leur seule raison. Autre chose de dire : Sans la foi vous ne pourrez rien comprendre à l'ordre naturel ; autre chose de dire : Croyez l'Eglise et vous comprendrez mieux. Aussi l'union de la raison et de la foi a-t-elle donné à saint Augustin et à saint Thomas une éclatante supériorité philosophique sur les Grecs. La scolastique l'emporte sur le cartésianisme par la même raison.

Si deux voyageurs voulaient se rendre à la même ville, par le même chemin, pendant la même nuit, dans un pays à eux inconnu et semé d'écueils, et que l'un d'eux eût la prudence de monter la veille sur la tour de l'église accompagné d'un bon guide, afin d'embrasser d'un coup d'œil tout l'horizon ; si de là il se faisait indiquer à la lumière du jour la direction du bon chemin et de la ville où il veut aller, tandis que l'autre, se fiant à sa perspicacité, à de vagues notions géographiques, dédaignerait les précautions de son compagnon de voyage, le premier avancerait rapidement et sûrement, tandis que le second se fatiguerait en pas inutiles au travers de chemins qui se croisent. Trompé par les illusions fantastiques de la nuit, il tomberait dans des foudrières, en sortirait avec peine et n'arriverait qu'épuisé par de longues recherches et blessé par ses chutes. Ces deux voyageurs représentent les deux philosophies.

II. La philosophie ne suffit pas aux classes dirigeantes. Les nations filles de l'Eglise participent à sa vie surnaturelle. Elles aussi ont pour invisible Roi le Christ, pour fin la conservation et l'extension de son règne, pour loi suprême l'Evangile, pour lien parfait la charité. Les constitutions, les institutions, les lois, la presse et l'école, la famille et l'Etat, le gouvernement et la politique, la guerre et la paix, tout doit être christianisé chez un peuple chrétien ; sans cela la Révolution s'en empare et le fait descendre au-dessous des infidèles.

De là pour les classes dirigeantes la nécessité d'être initiées aux principes fondamentaux de la théologie. Sans doute le catéchisme et la chaire devraient suffire, mais comme on a fait de la religion une chose purement individuelle, on voit des hommes religieux et pratiquants déchristianiser à qui mieux mieux l'ordre civil.

D'autre part, la Révolution ne cesse de répéter à la tribune et dans la presse qu'on ne peut accorder la science et la foi et concilier la politique et la religion ; que si l'Eglise a pour lumière la foi, c'est à la raison qu'il appartient de diriger l'Etat. Il faut la science catholique pour dissiper les préjugés des conservateurs et mettre au jour les mensonges absurdes de l'impiété.

Elèves et professeurs sont préparés dans les écoles catholiques ; les professeurs ecclésiastiques par de fortes études, les élèves par une éducation religieuse qui a gravé dans la mémoire et dans le cœur les principes fondamentaux de la théologie : mystères de la Trinité et de l'Incarnation, dogmes de la chute et de la rédemption, histoire sainte, prescriptions du Décalogue et de l'Evangile, autorité divine de l'Eglise. Les lettres et la poésie ont habitué les jeunes gens à la langue des figures et des comparaisons, les sciences physiques à la connaissance du monde visible, les mathématiques à la rigueur du raisonnement et à la généralisation de la pensée. Ne pourrait-on pas utiliser ces semences au profit de la science catholique à l'aide de la puissante lumière de l'analogie et des lois universelles de l'ordre formulées dans l'Ecriture explicitement ou implicitement, sauf à justifier les conclusions par les enseignements de l'Ecriture, des Pères et de l'Eglise ?

CHAPITRE VIII

ANALOGIE DES DIVERS ORDRES

I. Dieu ne fait rien au hasard, rien sans idées préconçues, sans volonté arrêtée. Mais étant l'Etre universel et le créateur de tous les êtres, c'est en lui-même, dans sa propre nature, qu'il prend le suréminent modèle de ses œuvres. Il laisse sa trace dans les corps, son image dans l'homme ; et sa ressemblance, ébauchée dans le chrétien par le baptême, s'achève dans le ciel.

Malgré la différence des substances et des natures, l'ordre naturel, l'ordre surnaturel, l'ordre éternel qui subsiste en Dieu, et qui est l'essence même de Dieu, ont des rapports, des propriétés, des raisons abstraites semblables. La comparaison, *compar ratio*, implique une raison pareille qui exprime par les mêmes mots les choses comparables. Tout père engendre, tout fils est engendré, toute lumière éclaire, toute tête dirige son corps, tout soleil luit, échauffe, vivifie, toute parole est la manifestation intérieure et extérieure des idées conçues dans l'intelligence. Dieu élève l'homme des choses visibles aux choses invisibles, de l'ordre naturel à l'ordre surnaturel, des créatures au créateur.

La comparaison, qui est la lumière du peuple, peut devenir la lumière du savant, car l'analogie a la précision des sciences exactes quand elle est juste.

L'Evangile nous instruit tous par des figures et des images.

L'analogie a l'avantage de manifester avec évidence l'union de la foi et de la raison. Les mystères cachés en Dieu étant l'archétype de la création, la foi, loin d'être contraire à la science, l'éclaire par la Sagesse divine.

Puisque la science humaine est la connaissance des causes et des rapports des choses, la religion qui nous révèle les causes essentielles, éternelles, immuables de l'univers, est la plus sublime des sciences. La raison démontre qu'il faut obéir à son père dans la famille, au pouvoir dans la société civile. La foi, en nous apprenant que « toute paternité au ciel et sur la terre reçoit son nom du Père de N.-S. Jésus-Christ », nous élève à la cause première de tout pouvoir légitime. Si donc la paternité humaine est la figure des paternités supérieures, si la paternité divine est l'archétype des paternités créées, il est aussi impossible de faire de l'élection la source première du pouvoir, même en République, que de faire un cercle carré, car il y a, de part et d'autre, contradiction dans les termes.

« L'élection désigne le prince, dit l'encyclique du 29 juin dernier, elle ne lui confère pas les droits du principat. »

II. L'analogie peut rendre de grands services aux sciences tant profanes que sacrées.

La vision sensible exige quatre choses: le soleil, l'organe, l'objet, l'éther, qui, mu par le soleil, produit la lumière et unit l'organe et l'objet.

La lumière sensible étant la figure des autres lumières, nous devons trouver ces quatre termes dans les visions supérieures, et il n'y aura plus qu'à vérifier cette conclusion à l'aide de l'Ecriture et des Pères.

On distingue, en effet, quatre choses dans la foi : la foi infuse, fruit du baptême, donne à l'homme la faculté de croire ; les vérités révélées sont l'objet de la foi ; la grâce nous incline à croire ; enfin du soleil de justice ou du Christ, émanent le don de la foi, la grâce et la révélation.

On trouverait également ces quatre termes dans la vision intelligible. Ici l'organe est l'intelligence, la vérité universelle intelligible est l'objet, le soleil des intelligences est encore le Christ, « vraie lumière qui éclaire tout homme venant en ce monde ». Enfin une force spirituelle incline la raison vers la vérité, que l'homme déchu repousse trop souvent.

De même que l'œil, éclairé par la lumière du soleil, perçoit les formes sensibles sans la matière des objets, de même l'intelligence, éclairée par la lumière du Verbe, perçoit les formes universelles qui les soutiennent, sans les formes particulières. Mon œil perçoit un cercle de fer sans le fer. Mon intelligence perçoit le cercle idéal ou mathématique, sans tel ou tel cercle déterminé. Le sens abstrait la forme particulière ; l'intelligence abstrait la forme universelle. La foi s'élève au-dessus de tout.

L'analogie est la lumière du géomètre, il s'élève des figures matérielles aux mathématiques pures et juge par là le monde physique. L'analogie est la lumière de la religion et de la morale. L'Eglise propose à notre foi les dogmes et les mystères cachés en Dieu, à l'aide de figures et de comparaisons prises dans la nature humaine, puis elle dit au chrétien : imitez ces modèles divins ! Pères, imitez votre Père céleste ; fils, imitez la piété filiale de son Fils ; époux, aimez vos épouses comme Jésus-Christ a aimé l'humanité, son épouse ! Pour que l'imitation soit plus facile, Dieu a mis sous nos yeux l'humanité sainte du Christ, modèle de tous les états, la Vierge immaculée, modèle de toutes les femmes, l'Eglise, modèle de toutes les sociétés, la sainte Famille, modèle de toutes les familles ; modèles parfaits, parce qu'ils sont la parfaite image de leur idéal divin.

La substance des choses nous est voilée ; mais, grâce à l'union de l'expérience, de la raison et de la foi, grâce à l'analogie, nous pouvons connaître clairement leurs rapports, qui sont les mêmes dans tous les ordres quand les choses sont comparables.

III. L'union conjugale est la figure de toutes les unions analogues ; la figure de l'union du sens et de la raison, de la raison et de la foi, de la philosophie et de la théologie ; de l'union du prince et de l'Etat, du Pape et de l'Eglise, des deux natures en Jésus-Christ, *Christus sponsus et sponsa*, dit saint Augustin, et enfin de l'indissoluble union de la puissance et de la sagesse de Dieu, *ex utero genui te*.

Grâce à ces analogies, on voit d'un coup d'œil l'erreur capitale de l'homme qui sépare ce que Dieu a uni ; l'erreur de Descartes qui sépare le sens de la raison, la raison de la foi ; l'erreur du protestantisme qui sépare les époux par le divorce ; l'erreur du constitutionalisme qui sépare le Prince de l'Etat ; l'erreur du schisme russe et du gallicanisme qui séparent le Pape et l'Épiscopat ; du nestorianisme qui sépare en Jésus-Christ les deux natures. Partout les conjoints sont inséparables, parce qu'ils ne sont plus deux, mais une seule chose, comme dans l'union conjugale.

IV. La famille est l'image de toutes les sociétés supérieures.

Vicaire de Jésus-Christ, le Pape uni à l'épiscopat est notre TRÈS SAINT PÈRE, et l'Église est notre mère. Le roi jadis était vénéré comme un père et la France comme notre mère. Dans l'Eglise et dans l'Etat nous n'étions jamais orphelins; *le Roi est mort, vive le Roi,* disaient nos pères.

En toute société le père, aidé de la mère, gouverne : le fils exécute, et le lien social unit la famille sans confondre les personnes. Toute société est l'union dans l'amour du père uni à la mère et de l'enfant.

Autorité et paternité étant synonymes, on voit d'un coup d'œil le vice radical de la constitution civile du clergé et de la souveraineté du peuple, entendue dans le sens de la Révolution, ainsi que du gouvernement dit constitutionnel qui fractionne en trois pouvoirs égaux, l'unité social, et substitue leur opposition à l'union dans un même esprit national.

L'Eglise et la monarchie tempérée sont des familles au complet ; le pouvoir absolu, l'aristocratie et la république sont des sociétés où les enfants sont privés ou de leur mère ou de leur père, ou du père et de la mère. Mais, quelle que soit la forme gouvernementale, le pouvoir est au lieu et place du père, dont il exerce les droits. Aussi l'Evangile ne nous parle que des rois.

Le Christ envoyé pour évangéliser les pauvres (Matth. xi. 5 et Luc, iv. 18.), les instruit par des figures, des paraboles et des comparaisons.

Les sages qui méprisent ces figures, restent dans les ténèbres. « Je vous confesse, mon Père, Seigneur du ciel et de la terre, dit le Christ, que vous avez caché ces choses aux sages et aux prudents et que vous les avez révélées aux petits. (Matth. xi, 25). »

L'analogie éclaire aussi la philosophie. N'y a-t-on pas recours quand on s'élève de l'homme individuel à l'homme universel, connu par la définition, et qu'on juge à l'aide de cette notion les hommes et les sociétés, les institutions et les lois?

Appliquée à la politique, à la philosophie et à la théologie, la méthode analogique permettrait de créer dans tous les *collèges catholiques* un cours supérieur, qui préserverait les laïques des sophismes de la Révolution et les rendrait plus dociles aux enseignements de l'Eglise.

V. A l'analogie il faudrait joindre la notion des lois universelles abstraites dont Dieu est le vivant archétype : Loi de l'unité ou de l'être ; — loi de la duplicité ou de la contradiction ; contradiction de l'être et du néant, de l'affirmation et de la négation, du bien et du mal, du vrai et du faux; — loi ternaire de l'existence, car *Dieu a tout disposé dans la mesure et dans le nombre et dans le poids.* Partout une unité générale, principale, centrale, — des unités individuelles ou numériques, — une force collective qui rétablit l'unité sans rien confondre. La pierre a son centre de gravité, ses molécules similaires, une force de cohésion qui les unit entre elles et à leur centre. La société a son chef, ses membres, un lien qui unit le chef et les membres; liens du sang dans la famille, esprit national dans l'Etat, Esprit Saint dans l'Eglise.

Enfin loi quaternaire de la hiérarchie dont les quatre éléments : la terre, l'eau, l'air, le feu, sont la figure.

Cette loi soumet la femme à l'homme son chef, l'homme au Christ son chef, et le Christ à Dieu. Elle soumet le sens à la raison, la raison à la foi, la foi à Dieu; l'ordre matériel à l'ordre moral, l'ordre moral à l'ordre spirituel, l'ordre spirituel à l'ordre éternel ; la famille à l'Etat, l'Etat à l'Eglise, l'Eglise à Dieu ; la force au droit humain, le droit humain au droit chrétien, le droit chrétien à Dieu ; l'opinion à la loi humaine raisonnable, la loi humaine à la loi chrétienne, la loi chrétienne à la loi éternelle.

Après avoir utilisé, au moyen de l'analogie et des lois universelles, les études religieuses, philosophiques et scientifiques du collège, il faudrait justifier les conclusions à l'aide de l'Ecriture et des Pères, surtout de saint Thomas, sans jamais perdre de vue l'enseignement de l'Eglise, puis montrer les applications de ces vérités à l'ordre social, ainsi que l'absurdité des maximes révolutionnaires que l'on touche alors au doigt.

CONCLUSION

Pour sauver la France, il faut le « droit divin et le cléricalisme » c'est-à-dire le catholicisme; il faut des pouvoirs catholiques, des écoles catholiques, la charité catholique, lien parfait des familles et des nations chrétiennes, non moins que de l'Eglise.

Il faut l'autorité, la vérité, la liberté, l'union dont Dieu est la source, l'humanité sainte du Christ, le canal, le chef de l'Eglise, le gardien avec l'aide des évêques, ses frères, et des rois chrétiens, ses fils.

Pour sauver la France, il faut substituer l'autorité éclairée qui vient de Dieu, à la souveraineté de la foule;

La triple lumière de l'expérience, de la raison et de la foi aux rêves aveugles et mobiles de l'opinion dominante;

Les traditions nationales de la monarchie très chrétienne à l'enseignement dit civique, écho des doctrines impies des Loges;

Il faut substituer la liberté chrétienne qui consiste à servir Dieu pour s'affranchir du joug de la Révolution, à la liberté du révolutionnaire qui se fait l'esclave des impies pour s'affranchir de l'obéissance due à Dieu, à ses ministres, à ses lois.

Enfin substituer la charité catholique à l'égoïsme cupide des partis.

En un mot, il faut restaurer, en tout et partout, le règne du Christ, qui apporte aux hommes le règne et la justice de Dieu, et le reste par surcroît et pour cela, lui demander la restauration et l'étroite alliance du Pape et du Roi très chrétien.